服育ナビ！

監修 有吉直美
（服育 net 研究所）

② グローバル編

はじめに

　みなさんにとって、服って何でしょうか？　服はおしゃれするためのものという人もいれば、特に考えたことない、なんでもいいから着ておけばOKなんていう人もいるでしょう。毎日かならず着る服はあたりまえの存在すぎて、あらためて服のことを考えることなんてないかもしれません。でも実は気がつかないだけで、服はわたしたちの生活に大きな影響を及ぼしています。服の着方で印象が変わったり、服の選び方で快適性や安全性が変化したりします。さらには、服の買い方でグローバルな環境問題や労働問題にまでかかわったり。服はみなさんと世界とをつなぐ入口であり、みなさんとほかの人とをつなぐ架け橋なのです。さあ、『服育ナビ！』で、服から見えてくる新しい世界を発見してください！

服育net研究所：有吉直美

服育net研究所って？

服育net研究所は、服育を多くの人に広めるための活動をする機関です。ホームページでは、じっさいにおこなわれた服育に関するセミナーのレポート記事や、動画、クロスワードなどの学習に役立つ資料をたくさん紹介しています。服育のことをもっと学びたい人はホームページを見てみましょう。
（URL　https://www.fukuiku.net）

監修 有吉直美（ありよしなおみ）

大阪教育大学において美術教育を専攻。イギリスへの留学後、株式会社チクマに入社。学校制服を扱うキャンパス事業部で服育の立ち上げに携わる。現在は服育のさらなる発展を目指す服育net研究所に所属し、学びツールの開発やイベント企画等、服育の研究と普及に力を注いでいる。

セミナー講師の先生

長田華子（ながたはなこ）

茨城大学人文社会科学部准教授。専門はアジア経済論、南アジア地域研究、ジェンダー論。2006年にダッカ大学社会科学部女性学・ジェンダー学科に留学。2012年3月お茶の水女子大学大学院人間文化創成科学研究科修了（博士：社会科学）。2013年日本学術振興会特別研究員（PD・東京大学社会科学研究所）を経て、2014年4月より現職。バングラデシュやインドの縫製工場で働く女性たちについて研究している。

登場人物

ふみや　　くみこ　　いずみ　　くにひこ

もくじ

服育を知ろう！

今日は有吉先生の服育セミナーの日。4人は家族といっしょにセミナーに参加して、服育をさらに深く学びます。今回はどんなテーマを取り上げるのでしょうか。

1
今日の服育セミナーは、服をつくっている人の話とか、TPO（ティーピーオー）の話をしてくれるみたいだね！

服育ってはじめて聞く言葉だから楽しみだわ。

2
服育って服に関する教育のことか？

学校でやった服育教室では、服によって第一印象が変わることとか、服と環境問題（かんきょうもんだい）のこととかを教わったんだ。

3
部活の帰りだから制服（せいふく）で来ちゃった！

制服（せいふく）を着ると、勉強をするスイッチがオンになるんでしょ？服育教室で教わったよ。

4
今回はどんなことをするのかな？

図書館

服育セミナー 第1会議室

楽しみだね！

うん！

5
服の洗（せん）たくやお手入れのことも、セミナーで教えてくれるかしら？

服づくりの仕事の話を聞いてみたいな。

楽しみ！

お姉ちゃんの好きな、民族衣装（みんぞくいしょう）の話も聞けるかもね！

ぼくたちがたくさん服を買いすぎて、日本でつくっているだけじゃ追いつかなくなっちゃったのかな？

16

日本では服の原材料が不足していて、海外の原材料に頼るしかない、とか……？

17

日本には工場が少なくて、必要なだけの服をつくることができないんじゃないかしら？

18

海外の工場でつくると、何かいいことがあるのかな？

19

いいところに気がつきましたね！

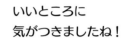

実は海外のほうが服を安くつくれるんです。

20

最近は安くても質のよい服が多いから、ついつい安いものを買っちゃうんですよね……。

21

安い服はとてもお手軽で使いやすいですよね。

でも、いっぽうでは、服をつくる現場にさまざまな問題が起こっているのです。

22

服を通して国際的な労働問題を考えてみよう！

セミナー1では、服がつくられる工程を知り、国際的な労働問題について学んでいきましょう。

1
ここからは、長田華子先生に、お話ししていただきましょう！

どうぞよろしくお願いします！

2
海外でつくられた服が多いということは、それぞれ表示ラベルを見て、わかってもらえたかと思います！

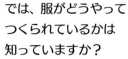

3
では、服がどうやってつくられているかは知っていますか？

はい！

4
工場に、どんどん服をぬえる全自動ミシンがあって、そのミシンがつくってくれている！

そういうミシンがあれば、かんたんに服をつくることができていいですね……！

5
でも、服は生地をぬえばでき上がるわけではなく、デザインを考えるところからお店で販売されるまで、たくさんの人の手を経てつくられているのです。

6
多くの人がかかわっていたら、服の価格は高くなるはずですよね。

でも、安い服って多いと思います。

7
そうなんです。では、服を生産している海外の工場の実態を見て、安い服が多い理由を探っていきましょう！

服はどうやってつくられているの？

　国際的な労働問題を考えるために、まずは服がどのようにつくられているのかを見てみましょう。服づくりは大きく分けると、服をデザインする仕事と、生地を切ったり、ぬったりする仕事に分かれています。

アパレル（衣服）企業

服のデザインや素材を考える。

デザインを立体的な服にするための型紙をつくる。

縫製工場

型紙に合わせて生地を切る。

縫製工場

アパレル企業のつくった仕様書に従って、ミシンや針で生地をぬう。

指示どおりにできているかをチェックし、仕上げのアイロンをかける。

最終的な検品をして包装し、出荷する。

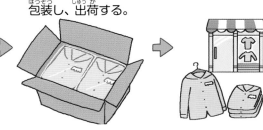

アパレル企業

お店で販売する。

　服が商品としてお店に並ぶまでには、このように、たくさんの工程を経ています。特に、縫製工場で生地をぬう作業には、多くの人手を必要とします。

服を一着つくるためには多くの人手を必要とするので、人件費がかかるのです。

　ほとんどのアパレル企業は、上の図の「縫製工場」の部分を海外に発注します。デザインが複雑なものや、急いで仕上げなくてはならないものは、国内で縫製することもありますが、デザインがシンプルなものや、価格が安い服のほとんどは、海外で作業がおこなわれています。

なぜ海外でつくられているの？

では、日本で売っている服、特に価格が安い「ファストファッション」とよばれる服は、どうして海外でつくられているのでしょうか。

服が日本でつくられている割合（服の国産比率）はどれくらいだと思いますか。ある製品の国内での生産量が、総量のうちどれくらいの割合になっているかをあらわすものを自給率といいます。よく取り上げられるのは食料自給率で、現在日本では40％（カロリーベースで算出）を切っていることが問題となっています。服の自給率は、なんと食料自給率よりもはるかに低い2.3％（2018年）しかありません。

ぼくの服も、海外でつくられているものが多いよね。

子どもはすぐに服のサイズが合わなくなって買いかえるから、ふだん着る服は安いファストファッションのものを買うことが多いわ。

服の国内自給率（2018年）

日本製 2.3％

自給率 2.3％ ！

海外製 97.7％

参照：
「繊維産業の現状と経済産業省の取組（経済産業省）」
〈国内アパレル市場における衣類の輸入浸透率〉

1991年にはまだ50％近くあった日本の服の自給率は、2018年にはわずか2.3％にまで減少してしまいました。この間、国内ではさまざまな製品の価格が下がり、100円ショップが増えました。そして、服も安いものが売れ行きをのばし、高級品が売れなくなっていきました。そのため、アパレル企業は服づくりにかかる費用をおさえようと、海外での生産を増やしていったのです。

コラム　価格の安い服がつくられる国に起こっている問題

アパレル企業は、人件費をおさえることができるアジアの国々に仕事を依頼しています。服をぬう人に支払う費用をおさえることによって、安い服を生産するためです。現地の工場にはたくさんの仕事が集まりますが、それにともない、多くの仕事を受けようと工場どうしで価格競争が起き、経営者はどんどん安く仕事を受けることになります。その結果、工場で働く人は、少しでも早く、一枚でも多くの服をつくることを求められるのです。

安く！　安く！　早く！早く！　一枚でも多く！

経営者

海外の服づくりの工場ではどんなことが起きているの？

先進国のアパレル企業は、安さを求めて、アジアの国々の工場に仕事を発注しています。無理なことが重なり、大きな事故も起こりました。それが2013年バングラデシュのダッカ近郊で起きたラナ・プラザというビルの崩落事故です。

ラナ・プラザの崩落事故

ラナ・プラザは、8階建ての商業ビルで、その中には5つの縫製工場などが入っており、多くの人々が働いていました。2013年4月24日に、突然ビルがくずれる事故が起きました。事故が起きる以前から、ビルには大きなひびが入っており、地元の警察はビルに入っている店舗や工場に、休業を指示していました。しかし5つの縫製工場だけは休業せず操業していました。そのため、そこで働いていた1100人以上の人々が事故にあい、亡くなってしまったのです。

事故現場のようす

世界中のファストファッションの服をつくっていた人たちが、ぎせいになってしまったのね。

安全じゃないところで働くのは、こわいし、不安だよな。

ラナ・プラザの事故後、バングラデシュ政府は、労働法を改正するなどの対応をしました。また、世界のファストファッション企業が中心となり、バングラデシュの縫製工場の火災予防や、建物の安全点検などをおこなってきましたが、設備や労働環境を整えるには費用もたくさんかかるため、まだすべての工場の改善はできていません。賃金も安い状態がつづいています。

ビルの安全管理を後回しにしたうえに、労働者の安全に配慮しなかったことによって起きた大惨事です。
バングラデシュの縫製工場は、先進国のアパレル企業から仕事をもらえなければ、経営できないため、警察から休業を求められても操業しつづけるしかありませんでした。

セミナー1のまとめ

1 服はいくつもの工程を経て、たくさんの人が働くことによってつくられている。

2 日本の服の自給率はわずか2.3％しかない。

3 安さを追求して服をつくろうとすると、労働者を危険にさらすことになる。

自分たちが着ている服が、どのような環境で、どのようにつくられているのかを知ることも大切です。

場面に合った服装って何だろう？

セミナー2では、有吉先生に、時間や場所、場合を考えて服を選ぶことについてお話ししてもらいます。

さて、ここからはTPOについてのお話をします！

1

まずはみなさんに質問です。この🅐、🅑、🅒の服装は、それぞれどんな場面にふさわしい服だと思いますか？

🅐　🅑　🅒

2

🅐はおしゃれをしているね。

結婚式とか、学校の式典とかかしら？

🅑はハイキングとかかな？

遠足のときに、こういう服を着たよ。

🅒は、外出の服ではなさそう。

家で着たらリラックスできそう！

3

みなさんよく見ていますね！ どんな場面に向いている服か、経験によって判断することができていますね。これがTPOを考えるということなのです。

4

それでは、TPOを考えた服の選び方をいっしょに学びましょう！

5

12

TPOを考えて服を選ぼう！

TPOとは「Time（時）、Place（場所）、Occasion（場合）」の頭文字を取った略語で、時と場所、場合に合わせた行動や服装、言葉づかいのことです。服を選ぶときには、TPOを意識することが大切です。

TPOを考えずに服を選ぶと、どのようなことが起きるでしょうか。たとえば、卒業式というフォーマルな場にトレーナーとジーンズというラフな服装で出席していたら、学校生活のしめくくりにふさわしくないだけでなく、自分自身も、いごこちの悪い、落ち着かない気分になります。山登りをするのにヒラヒラのワンピースを着ていては、歩きにくいどころか、危険すらともないます。TPOを考えて服を選ぶことで、自信を持って行動することができ、まわりの人も気持ちよく過ごすことができるのです。

> 失敗した……。

> 同じ目的でひとつの場所に集まり、いっしょに時間を過ごすまわりの人の気持ちも考えて、服を選びましょう。

> 社会科見学で、となり町にある会社を訪問するんだ。何を着たらきちんとして見えるかな？

> クラスの子の誕生日会で、家によんでもらったの。お祝いの気持ちをあらわすには、どんな服がいいのかな。

> 町内会があって、お母さんのお手伝いをするよ。スカートじゃ動きにくいから、ズボンをはいたほうがいいかも。

> 友だちの発表会に行くんだけど、どんな服を着たらいいんだろう。

> 大きな会場での立食パーティーに着ていく服、いつもなやむのよね。ラフにしすぎたら失礼だし、ドレスアップしすぎて目立つのもいやだし……。

> 今度会社の上司たちと、少し高級なレストランへ行くんだけど、どんな服を着るのがふさわしいんだろう。

> 学校でスキー合宿があるんだけど、どんなことに気をつけて服を選んだらいいかな？

> 今度いとこの結婚式の二次会に行くんだけど、どんな服を着たらお祝いの気持ちが伝わるんだろう。

こんな場面ならこんな服を着よう！

何をするのか、どこに行くのかによって、ふさわしい服はちがいます。それぞれの場面ごとに、どんな服を着ればよいか見てみましょう。

① 結婚式

結婚式に出席するときは、おとなは着物やフォーマルスーツ、パーティードレスなどの正装、子どもは制服やブレザー、ワンピースなどで、お祝いの気持ちをあらわしましょう。

② 葬式

葬式では、黒いワンピースや礼服を着て、なるべくはだを見せないようにします。亡くなった人とお別れをする大切な時間を過ごすために、子どもも制服のようなきちんとした服装で参列しましょう。

③ 山登り

山登りをするときは、歩きやすく、急な天候の変化にも対応しやすい服を選びます。また、遭難しても見つかりやすい派手な色を選びます。ハチに攻撃されやすい黒はさけましょう。

④ ランニング

ランニングなどの運動をするときは、あせを吸収して、すばやく乾燥させる素材のものを選ぶとよいでしょう。夏は通気性の高いもの、冬は保温性の高いものを選びましょう。

コラム　オンとオフで気持ちを切りかえよう！

特別なことがなくても、一日の中や一週間の中で、オンとオフでちがう服に着かえると、気持ちが切りかわります。

オンとはオンタイムのことで、仕事をしている時間や学校で勉強している時間など、オフィシャルな時間のことです。まわりの人に不快感をあたえない服を選び、きちんと着こなしましょう。オフとはオフタイムのことで、リラックスして自由に過ごす時間のことです。服もくつろげるものを選びます。

制服はオンタイムの服だよ！ 制服を着ると、気持ちが引きしまるんだ！

服の色をくふうして、交通事故から身を守ろう！

外を歩くときは、自動車や自転車などに気をつける必要があります。暗いところでは、暗い色の服は運転手から見えにくいことが多く、交通事故につながるおそれがあります。服の色をくふうすることで、事故を防ぐことができるのです。服を通して安全について考え、自分の身を守りましょう。

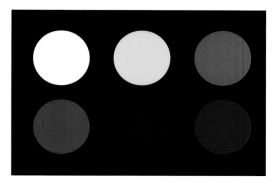

暗いところでは、明るい色の服のほうが運転手が遠くからでも気づきやすく、暗い色の服は、運転手が気づきにくい。

左の図のように、「茶」「黒」「青」は、周囲の色になじんで、見えにくいのがわかります。暗い道や、雨などで視界が悪いときは、「白」「黄」「赤」のような、目立つ服を着ましょう。

コラム 高視認性安全服

高視認性安全ベスト

高視認性とは、「よく見える」ということです。歩行中や、仕事の作業中の事故を防ぐための服は「高視認性安全服」といいます。昼は明るく目立つ黄色で、夜は光をはね返す反射材で、着ている人を運転手が認識しやすくしています。交通事故を防ぐために、登下校中にベストを着用している学校もあります。

セミナー2のまとめ

1 服はTPOを考えて選ぶことが大切。

2 どんな目的でその場所へ行くのかを理解していれば、ふさわしい服を選べる。

3 服の選び方によって、危険から自分の身を守ることができる。

服は好きなものを選んで、自由に着ればいいと思っていませんでしたか。社会の一員として、TPOや安全のことも考えることが大切です。

セミナー
おまけ
服育クロスワード

セミナーの最後に、服育のキーワードになる言葉で構成された、クロスワードパズルをやってみます。

服の「お手入れ」や、「TPO」、服を通して考えられる「コミュニケーション」、「環境問題」、「労働問題」などに関係する言葉を考えてみましょう。

服育クロスワードにチャレンジしてみよう！　下の【タテのキー】と【ヨコのキー】をヒントに、すべての白マスに言葉を入れ、ABCDEFに入った文字を並べると、本のどこかにある文章になるよ。

解答　服は ☐(A) ☐(B) ☐(C) ☐(D) は ☐(E) ☐(F)

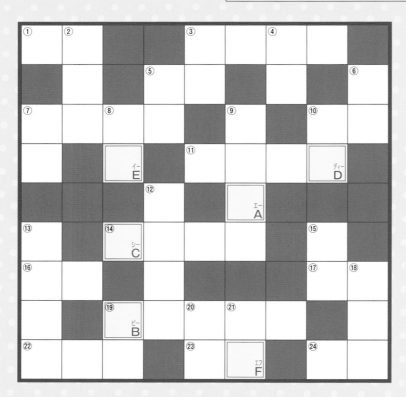

キーを読んでもわからないときは「服育ナビ！」（全2巻）を調べると、どこかにありますよ。

タテのキー ⬇

②服は○○○を使って、一枚一枚人がぬっているよ。
③「ファストファッション」は、安くて○○くつくられる「ファストフード」に特徴が似ているよ。
④ストライプやチェックなどいろいろな○○があるよ。
⑤仕事や学校で勉強する時間は、○○タイムというよ。
⑥「服育○○！」（この本のタイトル）をしっかり読んで、服育をマスターしよう！
⑦○○い色は、アクティブで元気な印象をあたえることのできる色だよ。
⑧○○（4つの季節、春夏秋冬のこと）がある日本では、季節に応じて服の着方をくふうするよ。
⑨よごれた服は自分で○○○○してみよう。
⑩○○のかかとをふむと、だらしない印象をあたえてしまうよ。
⑫服のしわが気になるときは○○○○をかけてみよう。ただし、表示ラベルをきちんとチェックして。
⑬地球にも社会にも人にもやさしい○○○○コンシューマーになろう。
⑮綿やポリエステルなどから○○をつくり、それを織って布にしてから服をつくっているよ。
⑱○○○は日本の民族衣装。
⑲服を買うときには、その服が本当に○○服（必要な服）なのか、いらない服なのかを考えよう。
⑳シャツに○○があると、だらしなく見えるね。アイロンをかけよう。
㉑○○○寝るときにはパジャマを着るよね。

ヨコのキー ➡

①着なくなった服は、リサイクルやリユースをして、○○になる服をへらそう。
③ジャケットなど毎日洗わない服は、ぬいだらきちんと○○○○にかけよう。
⑤みんなの○○（お父さん、お母さんのこと）にも服育を教えてあげよう。
⑦みんなを守ってくれる警察官の制服を見ると○○○○できるね。
⑩寒い日は、○○にマフラーを巻くとあたたかいよ。
⑪服を買うときは、素材や縫製などの○○○○を確認してから買おう。
⑭中学校では○○○○を着る学校もあるよ。
⑯服に食べこぼししてしまったときは、早めにお手入れして○○にならないようにしよう。
⑰TPOのT（Time）は○○という意味だね。
⑲服の選び方や着方で、第一○○○○○は変わるよ。
㉒着物にも、TPOに合わせた選び方の○○○があるよ。
㉓服をだらしなく着ると、印象が○○くなってしまうかもしれないよ。
㉔サリーは1枚の長い○○を巻きつけて着る、インドの民族衣装だよ。

★正解は31ページにあるよ！

16

セミナーを終えて……。

4人は、家族といっしょにセミナーを聞いて、どんなことを考えたのでしょうか。
家族のみなさんにとっても、新しい学びがあったようです。

セミナーを終えて……。

1
服育セミナー、すごく新鮮な内容でしたね〜！
はじめて聞くことばかりでしたね！

2
服づくりの裏側ではたくさんの人が働いているということに気づく人が、増えてくれるとうれしいよね。
毎日着ている服がどうやってつくられているのかを知るのって、とても大切なことだよね。

3
安い服は手軽に買えるけど、だれかが大変な思いをしてつくっていることを忘れちゃいけないわね。
価格が安いのには理由があったんだね。

4
制服は、学校に着ていくだけじゃなくて、結婚式やお葬式にも着られるんだね。
わたしも早く中学生になって、制服を着たいなあ。

5
服の色によって、自分の身を守ることができるなんておどろいた！
今度ランドセルに反射シールをはってあげるよ。

6
次のチーム学習、いろいろな人と話し合いができるから楽しみだな！
自分とはちがう意見を聞けそうだよね。

服育にチャレンジ！

セミナーで教わったことをふまえて、チームごとに学びを深めます。
各チーム、どんなテーマでチーム学習を進めるのでしょうか。

それぞれおもしろい
テーマがあがって
いますね！

チームでテーマを掘り
下げて、最後に発表を
してもらおうと思って
います！

発表か……。きんちょう
するけど、いろんな意見を
聞くことができそう。

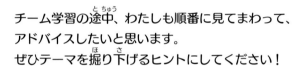

だいじょうぶだよ
兄ちゃん

ぼくは前にもやったことが
あるからまかせて！

ふだん、服を買うときや、服を着るときに
意識していることについて、意見交かんの
場にするのもいいですね！

チーム学習の途中、わたしも順番に見てまわって、
アドバイスしたいと思います。
ぜひテーマを掘り下げるヒントにしてください！

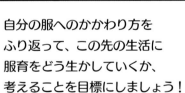

チームの人の意見を聞くことで、
新しい気づきがあるかもしれません！

そうですね！

自分の服へのかかわり方を
ふり返って、この先の生活に
服育をどう生かしていくか、
考えることを目標にしましょう！

はい！

服が体を守ってくれる!?

チーム学習 1
チーム.ふみや

1 服って自分を守る役割もあるんですね。

2 災害のとき、安全に避難するための服を用意したほうがいいって聞いたことがありますね。

3 たしか、仕事で着る服にも身を守るくふうがあるって聞いたことがありますよ。

4 服にくふう!?どんなくふうがあるのか知りたいです!

災害のときに身を守るには、どんな服を着ればいいの?

地震や台風など、大きな被害が出ることの多い自然災害。いざ避難となったとき、どんな服を着ていけばいいのか確認しましょう。災害が起きたら、すぐに身につけられるところに常に置いておきましょう。

頭を守るためのヘルメットやぼうし

けむりやほこりを防ぐマスク

けがや寒さから身を守るための長そで長ズボン

転んだり、けがをしたりしないための、底がしっかりした歩きやすいくつ

暗やみを明るく照らすヘッドライト

雨や風を防ぎ寒さをしのぐ、ウィンドブレーカーやレインコート

けがから手を守るための手袋や軍手

災害の直後は、お風呂も入れず、停電でエアコンも動きません。暑さ・寒さに対応しながら過ごせるよう、3日分くらいの着がえも持っていくと役に立ちます。

避難している途中でけがをしないように、体を守る服を選ぶんだね。

危険な仕事から身を守っている服には、どんなくふうがあるの?

危険をともなう仕事は、仕事中に着る服にも身を守るためのくふうがほどこされています。どんな危険があり、服によってどのように身の安全が保たれているのかを見てみましょう。

とび職

とび職の人は、「ニッカボッカ」とよばれるゆったりとしたズボンをはいています。飛び出した鉄骨などが、体よりも先にズボンにふれることで気づくことができ、つまずいたり、けがをしたりすることを防ぐ役割があります。

ニッカボッカ

消防士

消防士は、火災現場で消火活動をするときのため、炎や熱気から身を守る「防火衣」とよばれる服を着ます。ほかに、ヘルメットや手袋、安全帯を着用して、身を守るくふうをしています。

防火衣

救急隊員

感染防止衣

救急隊員は、病人の対応をするときに、血液やひまつなどを通して病気に感染することを防ぐため、ゴーグルやマスクと「感染防止衣」とよばれる服を身につけます。自分が病気にかかることを防ぐだけでなく、ほかの人への二次感染を防ぐ目的もあります。

工場作業員

帯電防止作業服

危険物や爆発物などを取り扱う作業現場では、「帯電防止作業服」とよばれる、静電気が発生しない作業服を着ます。静電気によって火花が出ると、危険だからです。

医師

手術用ガウン

手術をするときに着るガウンは、血液や体液がしみこまない素材を使用しています。一度使用したら捨てるか、特殊なクリーニングをして、清潔を保ちます。また、ガウンに重なるように手袋をし、はだが出ないようにします。

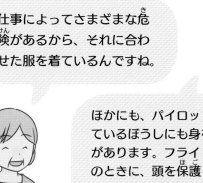

仕事によってさまざまな危険があるから、それに合わせた服を着ているんですね。

ほかにも、パイロットがかぶっているぼうしにも身を守る役割があります。フライト前の点検のときに、頭を保護し、エンジンオイルなどの油が落ちてきても目に入らないようにする役割がありますよ。

健康に過ごすための服の選び方は？

服は健康を保つためにも、考えて着ることが大切です。気候や気温に合わせて、服を選びましょう。

夏は、熱中症にかかりやすい季節です。体の熱をにがしやすい、ゆとりのあるデザインで、あせが乾きやすい素材を選びましょう。

冬は、体温をにがさないようにすることが大切です。服を重ねて着ると、あたたかい空気をためこむことができます。マフラーをすると、あたたまった空気が首もとからにげるのを防ぐことができます。

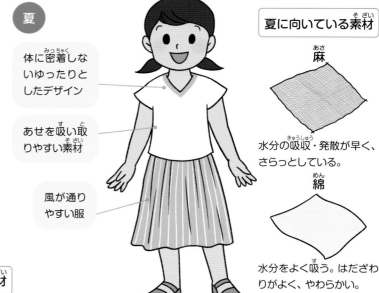

夏

- 体に密着しないゆったりとしたデザイン
- あせを吸い取りやすい素材
- 風が通りやすい服

夏に向いている素材

麻

水分の吸収・発散が早く、さらっとしている。

綿

水分をよく吸う。はだざわりがよく、やわらかい。

冬

- 熱をにがさない素材
- マフラーや手袋をする
- 重ね着をすると、あたたかい空気の層をたくさんつくることができる
- 風を通しにくい素材

冬に向いている素材

ウール

天然繊維。温度を保つことができる。水をはじくが、湿気は吸収する。

アクリル

化学繊維。ふっくらとあたたかく、温度を保つことができる。

季節に合わせて快適に着こなすポイントは3つの首です。首・手首・足首は、出すとすずしく、おおうとあたたかくなります。これらの部位には皮膚の表面近くに太い血管があり、効果的に冷やしたりあたためたりすることができるからです。

チームふみやのまとめ

▷ 災害や危険な仕事から身を守るために、服の選び方をくふうする必要がある。

▷ その日の天気や気温を考えて服を選ぶと、より快適に過ごすことができる。

服を選ぶときは、素材を確認することも大切です。素材によっては、見た目ほどすずしくない、あたたかくない、ということもあるからです。

「着物」は日本の民族衣装!?

1 着物っていろんな種類があるみたいだけど、選び方にきまりとかあるの？

2 えっ、着物ってどれも同じじゃないんですか……？
素材もさまざまだし、TPOに合わせたルールがあります！

3 ほかの国にも着物みたいなものってあるのかなあ？
はい！はい！
そういうのを民族衣装っていうんです！

4 じゃあ、このチームは着物のTPOや、ほかの国の民族衣装について調べてみましょう！

着物について調べてみよう！

「着物」は日本の民族衣装です。平安時代の貴族は、着物の下に袖が筒型の下着「小袖」を着ていました。いっぽう、庶民は、同じように袖が筒型の上衣「小袖」を着ていました。このふたつの「小袖」とよばれるものが着物のルーツといわれています。

着物にはどんな種類があるの？

正礼装 成人式や親族の結婚式など、特別な日に着る着物です。

準礼装 結婚式の披露宴やパーティーなどに出席するときに着る着物です。

その他 染めの着物の小紋や、織りの着物の紬などがあります。

振袖

黒五つ紋付羽織袴

訪問着

三つ紋付羽織袴

小紋

紬

着物を着るのはどんなとき？

　日本には季節ごとにさまざまな行事があります。行事によって、どのような着物がふさわしいのか、見てみましょう。

1月 正月

正月には、着物を着て初詣やあいさつ回りなどをする姿が多く見られます。新年を新たな気持ちでむかえるため、女性は、ウールの着物や、はなやかな色の訪問着、振袖などを着ます。

1月 成人式

未婚の女性が着る正礼装の着物を「振袖」といい、成人式で多くの人が着ます。色あざやかで、ごうかな柄と、長い袖が特徴です。男性も、正礼装の「黒五つ紋付羽織袴」を着ることがあります。

3月 卒業式

着物の種類のひとつである「袴」。この絵の袴は、着物の上からはく、スカートのような形をしています。女性のこのような姿は、大学の卒業式などで多く見られます。

7月 夏祭り

夏祭りや花火大会などの夏の行事では、最も気軽に着ることができる、「浴衣」を着ます。木綿でつくられていて、ゆったりと、くつろぐときに着ることができます。式典や、会食などの場には向いていません。

11月 七五三

子どもが健康に育ったことに感謝し、これからの健やかな成長を願った行事で、「晴れ着」とよばれる着物を着ます。女の子は、「花」や「手まり」などの柄の着物を着て、男の子は「かぶと」などの柄の着物を着ます。

コラム　着物を着てみよう！

　最近では、レンタルできる着物や、安く買える着物が増えたため、着物で観光地などを散策する人や、ふだんから着物で過ごす人も増えました。日本の民族衣装を着て、いつもとはちがう気分を味わってみてください。

世界にはどんな民族衣装があるの？

　世界のほとんどの国には、昔から受けつがれてきた民族衣装があります。ふだんから着ている国もあれば、結婚式や伝統行事のときだけに着る国など、さまざまです。

イギリス

スコットランド地方の「キルト」は巻きスカートのようなもので、男性のフォーマルウェアです。タータンは、家系や所属によって柄がちがいます。

韓国

「チョゴリ」という上着に、女性はスカートの「チマ」、男性はズボンのような「バジ」をはきます。

民族衣装は、それぞれの国の気候や文化、宗教、歴史などから生まれた服です。いくつもの民族がくらしている国には、複数の民族衣装があるんですよ。

サウジアラビア

男性は、「トーブ」や「ガンドゥーラ」などとよばれる、風通しのよいワンピースのような服を着て、頭に日よけの「シュマーグ」や「ゴトラ（クーフィーヤ）」などとよばれる布をかぶります。

インド

女性の民族衣装「サリー」は、幅約1.5メートル、長さ5〜8メートルの1枚の布を体に巻きつけて着ます。

ニュージーランド

先住民のマオリ族の人たちの民族衣装は、色あざやかな布に刺しゅうをした衣装と、草や布でつくった腰みのをつけます。

チームいずみのまとめ

▷ 着物にもTPOがあって、場面にふさわしい選び方のルールがある。
▷ 世界にはさまざまな民族衣装がある。

ほかの国々の民族衣装も調べてみましょう。民族衣装から、その国のことを知っていくのもおもしろいですよ。

チーム学習 3 日本の服づくりはどうなっているの？

チームくみこ

日本でつくられている服がたった2.3%っていうことにはおどろきました。

日本は優れた縫製技術を持っているって聞いたことがあるから、ほとんどが海外でつくられているなんて、とてももったいないよね。

海外で服をつくると安くつくれるっていうことはわかったけど、それ以外にも海外に頼る理由があるのかもしれませんね。

そうしたら、日本の服づくりの現状について調べてみませんか？

日本の縫製工場の現状

　日本の服の国内自給率が2.3%と、とても低い数字であることはセミナーで学びました。それでは、日本の縫製工場の現状はどのようになっているのでしょうか。

　景気が悪くなり、高いものが売れなくなったため、日本製の服も安さを求められるようになりました。日本国内の縫製工場でも海外の工場に対抗するためにコストがおさえられ、熟練のつくり手の縫製技術に対する報酬は低くなっていきました。

　そして今、日本の縫製工場は人手不足になやんでいます。賃金は安く、そのうえ仕事はきついままだからです。そのため、働く人がへり、職人の高齢化が進み、若い後継者が不足していることが問題になっています。それを補うように、海外から来たたくさんの労働者が、縫製工場で働いているのです。

日本でもアジアの国々でも、縫製工場の労働者の大半が女性です。

日本は世界的に見ても高い縫製技術を持っている国です。しかし、せっかく高い技術を持っていても、その技術を引きつぐ人がいないことは、とてももったいないことです。

若い後継者を増やすためにも、縫製技術の正当な評価が必要だよね。

日本の縫製技術を伝える取り組み

　1990年あたりまではたくさんあった縫製工場ですが、近年へりつづけています。そんな中でも、日本で服をつくりつづけている縫製工場や企業では、日本の縫製技術を広く伝えていくための取り組みをおこなっています。

　日本の高い縫製技術を若い世代に伝えることに力を入れている工場や、日本国内の工場だけで服づくりをおこなっている企業があります。若い世代に技術を受けつぐことができれば、働く人が増え、工場や工場がある地域全体が豊かになっていきます。

　また、日本国内だけで服づくりをおこなうと、海外でつくった服を日本へ運ぶ燃料を使わずに済み、その分、二酸化炭素の排出量がへり、環境を守ることにもつながるのです。

兵庫県の「ソーイング竹内」では、SDGs（持続可能な開発目標）達成のため、生産過程で出る廃棄生地をリサイクルしています。また、性別や年齢に関係なく同じ作業ができる環境を整えて、働きやすい環境づくりにも力を入れています。

熊本県の「Factelier（ファクトリエ）」は、工場直結のメイドインジャパンのブランド。工場が適正な利益を得られ、技術やこだわりを持ったものづくりができるようにする「工場希望価格」という仕組みを採用しています。

チームくみこのまとめ

▷ 海外の工場に対抗するために、日本国内の縫製工場でもコストがおさえられ、縫製技術に対する報酬が低くなった。

▷ 次の世代に縫製技術を伝えることが難しくなった。

日本にも海外にも、服づくりについての問題を解決しようと努力している企業や工場があります。どんな取り組みをしているのか、調べてみましょう。

服の買い方を考えてみよう!

1 海外の服をつくる工場で働く人たちは、大変な環境で仕事をしていたんですね。
わたしたちは何をすればいいのかな?

2 もう、ファストファッションを買わないようにするとか……?
ファストファッションを買うことは悪くないんじゃないかなあ。

3 安い服を買うことじゃなくて、服を大切にしないことがいけないんじゃないでしょうか?
そうね。なんとなく買って、ちょっと着ただけであきてすぐ捨てたりしていたわ。よくないわね。

4 よし! 自分の服の買い方を見直してみましょう!

服の買い方を見直してみよう!

　今の時代は、流行の服を気軽に買うことができます。安く手に入るため、大切に着ないで、すぐに捨ててしまうことにもつながっています。自分の服の買い方を見直して、服を大切にするように心がけてみましょう。

　Q1〜Q4に答えて、服の買い方をチェックしてみましょう。

 Q1 セールになっている服は、着るかどうかわからなくてもとりあえず買ってしまう。

YES・NO

YESと答えた人は……
安くなっていても、本当に今必要かどうかを考えてから買おう。

 Q2 服を衝動買いして、すぐにあきて捨てることがある。

YES・NO

YESと答えた人は……
買ったからには責任を持って大切に着るか、ほしい人にあげよう。

 Q3 服を買うときは、かならず試着をする。

YES・NO

NOと答えた人は……
試着をして、着ごこちやサイズを確認してから買わないと、着にくかったりしてむだにしてしまうよ。

 Q4 「流行だから」という理由で服を買うことがある。

YES・NO

YESと答えた人は……
流行に左右されずに、本当に気に入った服を買うようにしよう。

買う前に確認することは？

服を買うときには、デザインや価格だけを見て決めるのではなく、長く着られる服かどうか、しっかりしたつくりかどうかなどを確認してから買いましょう。

品質を確認しよう！

服を買うときは、素材や縫製を確認しましょう。素材については、はだざわりやじょうぶさを、縫製については、ほつれているところがないかなどをチェックします。薄すぎる生地や雑な縫製のものは、早くやぶれてしまい、修理が大変です。

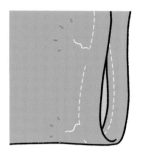

手持ちの服を確認しよう！

買いたい服が、今自分が持っている服と、どのように組み合わせられるかを考えることも大切です。ほかの服と合わないと、着る機会があまりないかもしれません。

お手入れの仕方を確認しよう！

表示ラベルを見て、どのようなお手入れが必要になるかを確認しましょう。手軽に洗たくできないものや、クリーニングに出せないもの、アイロンがかけられないものなど、買ってから困ることがあるかもしれません。

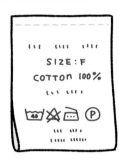

SIZE:F
COTTON 100%

本当に必要な服か考えよう！

本当にその服が必要なのか、買う前にもう一度考えてみましょう。具体的にどんな場面で着たいのか、どの服と合わせて着たいのか思いうかばないものは、買ってもあまり着ないかもしれません。本当にほしい服を買って、大切に着ましょう。

コラム 服をレンタルしてみよう！

年に数回しか着る機会のない服は、レンタルショップを利用してみましょう。必要なときだけ服を借りることで、たくさんの服を持たずに済み、ごみになってしまう服もへらすことができます。

地球環境や社会にやさしい買いものをする人のことを、「エシカルコンシューマー」といいます。自分が買った服を、責任を持って大切に着ることを心がけましょう。

チームくにひこのまとめ

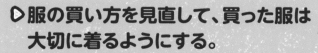
▶服の買い方を見直して、買った服は大切に着るようにする。

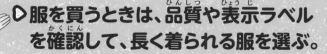
▶服を買うときは、品質や表示ラベルを確認して、長く着られる服を選ぶ。

服を大切にするひとりひとりの心がけが、地球の環境を守ることにつながるのです。

さあ、服育を実践しよう！

家族やセミナーの参加者といっしょに、服育のことをさらに深く知ることができた4人。
今回の学びをふり返って、参加者全員で共有します。

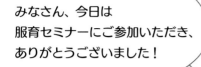

みなさん、今日は
服育セミナーにご参加いただき、
ありがとうございました！

服育を学んでみて、
どうでしたか？

学校でやった服育教室で、
服はコミュニケーションの
道具って教わったけど、
服には体を守る役割も
あるってわかりました！

災害はいつ起きる
かわからないから、
あらかじめ避難用
の服を用意しよう
と思いました。

1

2

天気や気候によって服を
選ぶことも健康を保つた
めに大切なことなので、
意識してみてください。

服がつくられている現
場のことは、今まで考え
たことがなかったから、
ラナ・プラザの話は
びっくりしました。

服をつくっている
人の労働環境を
知っておくべき
ですね。

そのとおりです！ みな
さんが着ている服は、つくり
手が一生懸命働いてつくっ
たものであることを忘れな
いでくださいね。

3

4

5

今度友だちと観光地に行
くので、着物を着て歩きた
いと思いました！ 日本の
文化を身近に感じること
ができそうだから
楽しみです。

民族衣装は、その土地
の気候とか文化のちが
いがわかる服だったん
ですね！

みなさんも、
着物を着る機会があれば、
ぜひ着てみるといいですね。

ほかの国の
民族衣装も
調べてみてください！

6

7

「安さ」を理由に服を
たくさん買うのは
よくない買いものの仕方
だなって思いました。

安い服を選んでも、長く
着られるように欠かさず
お手入れして、大切にし
なくちゃいけないです
ね！

服を長く着ることは、地球の環境を
守るためにも大切なことです。
ぜひつづけてお手入れしてみて
くださいね。

みなさん、いろいろなことを学べ
たようでよかったです。

8

9

今日、みんなで学んだことを、ぜひ、まわりの
人にも伝えてあげてください！

服好きのおばあちゃんに
も教えてあげたいね！

学校の友だちにも
教えてあげよう！

ひとりひとりが意識する
ことで、世界を変えるこ
とができます！

これからは服育を
意識して生活して
みてください！

10

11

今日はいろんなことを
学べたな～！

「服育」、さっそく職場の人
に教えてあげようかな。

お姉ちゃんといっしょに
参加できてよかった！

お母さんがよく
セールになった服を
買ってくるよね。

そうね

セールにつられ
ないで！ って
いおうな！

うん

民族衣装のこと、もっともっと
調べてみるぞ～！

12

さくいん

服育ナビ！　②グローバル編

2021年3月1日　初版第1刷発行

監修　　有吉直美（株式会社チクマ 服育net研究所）
発行者　西村保彦
発行所　鈴木出版株式会社
　　　　〒101-0051　東京都千代田区神田神保町2-3-1　岩波書店アネックスビル5F
電話　　　　03-6272-8001
ファックス　03-6272-8016
振替　　　　00110-0-34090
ホームページ　http://www.suzuki-syuppan.co.jp/
印刷　　図書印刷株式会社

監修協力　長田華子（茨城大学人文社会科学部准教授）
写真　　Shutterstock（P.11）
　　　　株式会社チクマ（P.15）
　　　　ソーイング竹内（P.27）
　　　　Factelier（ファクトリエ）（P.27）
装丁・本文デザイン　有限会社ザップ
DTP　スタジオポルト
イラスト　ヤマネアヤ、福場さおり、多田あゆ実
編集協力　平田雅子
編集　株式会社童夢